LA MORT

DU PRINCE

LOUIS-NAPOLÉON

LIMOGES

IMPRIMERIE Vᵉ H. DUCOURTIEUX
7, RUE DES ARÈNES, 7
—
1879

LA MORT

DU PRINCE

LOUIS-NAPOLÉON

LIMOGES

IMPRIMERIE Vᵉ H. DUCOURTIEUX

7, RUE DES ARÈNES, 7

—

1879

LA MORT

DU PRINCE

LOUIS-NAPOLÉON

—~~~~~—

Il peut sembler oiseux de revenir sur un événement qui a déjà donné lieu à tant d'appréciations diverses. Cependant, si on remarque que ces appréciations ont été faites pour la plupart par des hommes de parti, en quelque sorte gagés pour parler dans un certain sens, on ne trouvera peut-être pas mauvais qu'un homme qui s'honore du titre de républicain, mais indépendant et libre, dédaigneux de toute parole intéressée et plaçant la vérité au-dessus de toutes choses, ait dit son mot dans un événement qui modifie profondément les destinées de notre pays.

Non qu'il prétende faire la leçon aux autres et parler de maître à clerc, car il a, au contraire, l'horreur de ce rôle de pédant vis-à-vis de ses concitoyens et croit qu'il faut laisser la chaire à l'église. Que d'autres se disent investis du droit et du pouvoir d'enseigner les hommes, nous, qui n'avons aucune prétention à l'infaillibilité en quoi que ce soit, nous disons simplement notre avis à des égaux qui nous diront, à leur tour, le leur, s'ils le veulent bien. Ce qui nous plaît avant tout, dans une vraie République, c'est qu'elle reconnaît, au plus humble, le droit d'avoir et d'émettre une opinion en toutes choses, tandis que le système monarchique met sans cesse en présence des pédants et des élèves, les uns gonflés d'orgueil et quelquefois de sottise, les autres aplatis et comme écrasés sous la conscience de leur infériorité et de leur nullité morale. La République n'admettant que des frères leur donne à tous part au conseil. Qu'il en résulte quelque brouhaha, c'est possible; mais on doit encore le préférer au silence glacial et sinistre du despotisme.

On a dit souvent que les Français ne sont pas faits pour la République. Je n'en vois qu'une raison valable : c'est qu'ils sont trop enclins à accepter une opinion toute faite. Si ce défaut était incurable et tenait à la race et à la nature, nous ne saurions jamais, en effet, avoir une véritable République, mais il est à croire qu'il ne provient que d'une dégénérescence maladive amenée par de longs siècles d'oppression. L'homme qui a été tenu longtemps immobile se sert parfois mal de ses membres au premier moment, mais ce n'est pas une raison de le condamner de nouveau à une immobilité éternelle. Apprenons donc de nouveau, puisque nous en avions perdu l'habitude, à penser par nous-mêmes. Ce sera peut-être le plus sûr moyen d'arriver à une certaine unité morale.

En effet, tant que nous acceptons humblement des opinions toutes faites selon le milieu dans lequel nous nous trouvons et qui peut souvent être conduit par des hommes de mauvaise foi, il ne faut jamais s'attendre à cette fusion des milieux que l'on a parfois espérée. Si, prenant notre rôle de républicains aux sérieux, nous voulions bien, autant que possible, peser et examiner les choses nous-mêmes, la vérité aurait, sans doute, des chances plus grandes de triompher qu'elle n'a à cette heure ; car je ne vois pas que l'on puisse jamais avoir intérêt à se tromper soi-même. Sachons donc penser et parler hardiment avec la vérité et pour la vérité.

28 juin 1879.

Le 15 juillet 1815, le fondateur de la dynastie napoléonienne
vaincu et abandonné de la nation française, montait à bord du
vaisseau anglais le *Bellérophon* se croyant l'hôte et non le prison-
nier de l'Angletere ; mais celle-ci, pouvant enfin disposer à son
gré de l'homme qui avait pendant vingt ans menacé sa grandeur
et son existence, n'écouta que la voix de son intérêt et de sa
sécurité, et transporta Bonaparte à Sainte-Hélène, où il mourut
après six ans de captivité.

Cinquante-six ans s'étaient écoulés depuis la tromperie du
Bellérophon quand le neveu de Napoléon Ier vint, à son tour, de-
mander asile à l'Angleterre, après avoir été lui-même, empereur
et vaincu, non cependant par l'Angleterre à l'amitié de laquelle
il avait toujours été fidèle. Lui mort, son fils élevé dans une
école militaire anglaise, continue à s'identifier avec cette nation
jadis ennemie de son nom. Il y a quelques mois, il demande à
faire partie d'une expédition qu'elle dirige contre des sauvages à
l'est de la colonie du Cap : cette autorisation lui est accordée, et
il est à peine en Afrique qu'il trouve la mort dans une rencontre
obscure. Quels que puissent être les jugements que portera l'histoire sur ces deux faits, la fourberie du *Bellérophon* et la mort de
l'héritier des Bonaparte, il faut reconnaître, dès à présent, que
pour cette famille la haine et l'amitié de l'Angleterre auront été
également funestes.

Disons quelques mots de la mort du jeune prince et des circonstances qui l'ont entourées avant d'en examiner les consé-
quences.

Le renseignement le plus certain que l'on ait jusqu'à présent à
ce sujet est la dépêche du général Chelmsford, commandant de
l'expédition anglaise contre les Zoulous. Cette dépêche est proba-
blement destinée à devenir historique, et nous la citerons textuel-
lement :

« Au camp, à sept mille au-dessus de Blood-River,
pied de la montagne Stellezi, 2 juin.

» Le prince impérial, agissant sous les ordres de l'adjudant
quartier-maître général, a fait une reconnaissance le 1er. Il re-
tournait à cheval, au camp, le 2, accompagné du lieutenant
Carrey, du 98e, député assistant, quartier-maître général, six
blancs et quelques Zoulous amis, tous à cheval. A environ dix

milles de distance du camp, la petite colonne mit pied à terre, un peu à l'écart de la route, pour se reposer. Au moment où le prince venait de donner l'ordre de se mettre en selle, une fusillade fut tirée des hautes herbes qui entourent les kraals.

» Le prince impérial et deux soldats sont portés manquants par le lieutenant Carrey, qui a réussi à échapper et à gagner le camp à la nuit. D'après toutes les circonstances il n'est pas douteux que le prince n'ait été tué. Quelques lanciers du 17e régiment et des ambulances partent pour rapporter le corps ; mais je vous adresse la présente sans plus attendre, espérant qu'elle arrivera encore à temps pour partir par le courrier. J'ignorais moi-même que le prince impérial eût été désigné pour cette reconnaissance. »

Le ministre de la guerre, lord Stanley, après avoir lu cette dépêche à la Chambre des communes, ajouta qu'un nouveau télégramme reçu par sir Heecks Beach annonçait que le corps du feu prince impérial avait été retrouvé.

Les journaux anglais ont donné des détails non officiels aggravant la responsabilité des compagnons du prince et particulièrement celle du lieutenant Carrey. Le prince aurait été blessé à l'épaule droite dès l'apparition des Zoulous ; il aurait tenté en vain de remonter à cheval ; il se serait alors enfui à pied avec deux soldats de l'escorte, et tous trois n'auraient pas tardé à être atteints et massacrés par les Zoulous.

Si ces récits étaient vrais, la conduite du lieutenant Carrey et de ses compagnons dépasserait la lâcheté et friserait la trahison, car ils auraient vu l'affreuse détresse du prince (s'ils ne l'avaient vu qui pourrait en avoir parlé ?) sans même tenter de lui porter aide, sachant cependant qu'à l'inverse de ce qui se passe dans les guerres d'Europe, là, être pris c'était mourir, et de quelle mort !

Voici maintenant le rapport du lieutenant Carrey que l'on peut, en quelque sorte, considérer comme sa défense :

« Ayant appris que le prince devait, le 1er juin, aller reconnaître le pays en avant de la colonne afin de choisir un emplacement pour le nouveau camp, je proposais de l'accompagner parce que j'avais déjà parcouru cette contrée à cheval. Ma demande me fut accordée, mais le colonel Harrisson me déclara que je ne devrais intervenir d'aucune manière dans ce que ferait le prince parce qu'il désirait lui laisser tout le mérite du choix du camp.

» Un moment avant de partir, n'ayant pas trouvé d'escorte préparée, je m'adressais à la brigade-major de cavalerie, et à neuf heures quinze, six hommes du corps de cavalerie de Bellington vinrent se placer en bataille devant le quartier général. Avec ces hommes et un Zoulou ami, nous nous mîmes en route. Six Basutos du camp de Schepston avaient aussi reçu l'ordre de venir avec nous ; avant de traverser Blood-River, nous les envoyâmes réclamer et le messager revint en nous disant qu'ils nous rejoindraient sur la colline, entre les hauteurs d'Incenzi et d'Itelezi. Nous renvoyâmes le messager avec ordre de ramener lui-même l'escorte. Nous aperçumes à ce moment, à droite et à gauche, de fortes colonnes de Basutos et nous mîmes pied à terre près du monticule. Le colonel Harrisson passa au galop en nous annonçant que la cavalerie du général Marshall était en route. Je suggérai au prince l'idée d'attendre le reste de l'escorte, mais il me répondit : « Oh ! non, nous sommes bien assez en force ! »

» Nous gravîmes la côte rocheuse qui domine la rivière Hyotozi et je proposai de desseller, mais le prince préféra le faire plus près de la rivière. Nous restâmes une demi-heure à prendre des esquisses du pays environnant que nous fouillions avec nos lunettes. Ne voyant rien de suspect, nous descendîmes au kraal, dans la vallée, et nous dessellâmes nos chevaux. On ne prit pas de précautions parce que l'on ne s'attendait pas à la présence des Zoulous que rien ne trahissait nulle part. Le prince était fatigué, il se coucha en dehors de la hutte ; les hommes firent le café et moi j'allai reconnaître avec ma lunette. A trois heures cinquante-cinq, je proposai de faire seller les chevaux : le prince me dit d'attendre encore dix minutes, mais il en donna l'ordre au bout de cinq minutes. J'avais sellé et j'étais à cheval lorsqu'on entendit un bruit suspect ; le prince commanda de se préparer à monter à cheval. Je regardai autour de moi et je vis le prince le pied à l'étrier. Au même moment, je donnai l'ordre de monter à cheval, et, comme les hommes se mettaient en selle, je vis, à environ vingt yards de distance, les Zoulous qui se précipitaient vers nous. Ils firent feu pendant que nous prenions le galop. Je croyais que tous les hommes étaient montés à cheval, et comme je savais que leurs carabines n'étaient pas chargées, je jugeai que le meilleur parti à prendre était de nous échapper le long des herbes avant de faire halte.

» Connaissant la maladresse des Zoulous à tirer, je ne m'attendais pas à ce que l'un de nous pût être atteint. Lorsque nous approchâmes de la Donga, nous dûmes faire volte-face pour surveiller la retraite ; en me retournant, je vis un parti de Zoulous qui nous poursuivaient pour essayer encore de nous couper la retraite au delà de la colline.

» Après avoir traversé la Donga sous un feu violent, un homme dit : « Monsieur, je crains que le prince n'ait été tué. » Je m'arrêtai, et, voyant le cheval du prince qui galopait de l'autre côté de la Donga ; je demandai s'il était utile de revenir sur nos pas.

» Les Zoulous avaient déjà dépassé le terrain où le prince était tombé. J'attendis le retour de mes hommes et je repris le galop pour traverser la rivière. »

Comme on le voit, ce rapport ne diffère pas essentiellement de la dépêche de lord Chelmsford ; il fait seulement valoir le manque de prudence du prince, mais le manque de prudence du prince ne saurait excuser le manque de courage du lieutenant. Quant aux armes non chargées, c'était un manque de prévoyance facile à réparer.

Une chose à remarquer dans ce rapport, c'est qu'il n'est nullement question de la chute du prince, et cependant on parle du *terrain où le prince était tombé.* Comment savait-on où il était tombé si on ne l'avait pas vu tomber ?

En somme, nous préférerions être le prince mort que le lieutenant Carrey vivant.

Au reste, nous ne sommes ni l'histoire ni le gouvernement, et notre avis est de peu d'importance.

Il est assez singulier que les premières paroles de blâme sur la conduite des compagnons du prince soient venues de l'Angleterre. En France, les bonapartistes cherchent à parer le coup que vient de leur porter la destinée, les autres partis affectent ou bien ont réellement un certain respect pour cette jeune mort et cette mère sans espérance, mais ils s'inquiètent plus d'attirer à eux les indécis et les découragés du parti de l'appel au peuple que de trouver à redire dans les circonstances où son chef nominal a trouvé la mort.

Et puis, toujours ce manque d'habitude de la liberté. Si longtemps en France le gouvernement n'a laissé dire que ce qu'il voulait qu'on dît ! On le croit toujours responsable de ce qui se dit ou de ce qui s'écrit, comme si chacun de nous ne pouvait pas avoir son opinion et l'exprimer hautement sans l'engager lui-même.

Au reste, parce que l'on dira que le lieutenant Carrey n'a pas agi comme il le devait, insulte-t-on pour cela l'armée anglaise ? Non, sans doute. Il y a partout des caractères faibles et incapables de se mettre à la hauteur des circonstances dans lesquelles ils peuvent se trouver. La bravoure de leurs frères d'armes ne doit pas cependant les mettre à couvert d'un blâme personnel. Nous n'entendons nullement porter atteinte à la réputation de courage et de loyauté de l'armée anglaise, mais nous disons cependant : l'officier anglais, qui accompagnait le prince Louis-Napoléon dans la reconnaissance où il a trouvé la mort, n'a été ni brave ni loyal !

La vie vaut-elle donc la peine qu'on la garde aux dépens de l'amitié et de l'honneur ? Non, elle ne vaut que par ce que l'on y fait de grand ou de beau. Qu'importe autrement la monotone répétition d'actes grossiers et matériels ? Tu t'es arrêté, dis-tu, et tu as demandé s'il était utile de revenir sur tes pas ? Minute terrible ! Revenir c'était marcher à une mort presque certaine, mais combien de fois des soldats ont-ils reçu l'ordre de marcher à la mort et ont-ils obéi ? Il n'y avait pas là un général tirant son épée et commandant de marcher à l'ennemi, il n'y avait que la voix de l'honneur que tu n'a pas entendue !

Malheureux homme! Tu avais l'occasion de te couvrir d'un renom immortel, et tu n'as fait que mériter l'éternel soufflet de l'histoire qui redira sans cesse à ta famille et à ton nom le « qu'il mourut ! » du vieil Horace !

On peut excuser quelques défaillances chez un homme qu'on prend chez lui et qu'on traîne de force sur les champs de bataille ; mais celui qui porte volontairement une épée et fait son métier de la bravoure ne doit jamais faillir ! Les républicains nous pardonneront, à nous républicain, l'indignation que nous avons ressentie et que nous exprimons ici. Que les hyènes et les chacals se délectent à la vue des cadavres, nous, nous n'espérons notre triomphe que de la raison et de la vérité, non de la mort. Au reste, lors même que nous n'hésiterions pas à frapper un ennemi en face, nous cracherions cependant sur celui qui l'aurait trahi ou abandonné !

Triste destinée, depuis quelque temps, que celle de presque tous les enfants nés sur le trône : Louis XVII, le roi de Rome, le prince Louis-Napoléon : tous trois morts en exil et entourés d'ennemis !

Bien peu de Français, sans doute, ont pu se défendre d'être émus en apprenant la fin cruelle de ce dernier, sur lequel on avait, pendant un temps, fait retomber injustement les fautes de son père. Hélas ! il ne nous avait jamais fait de mal, et quand il était enfant, ses petites mains avaient souvent porté la joie ou le soulagement autour de lui !

Quand il naquît on eût pu lui redire les doux vers que Virgile adresse au fils de Drusus, tant alors il semblait le bienvenu. Les généraux brochés d'or se penchaient sur son berceau et les canons grondaient en signe d'allégresse. O lendemain de toutes choses ! Avoir eu autour de lui, enfant, les gardes aux cuirasses étincelantes, les aides-de-camp empressés, les dignitaires épiant un de ses désirs, les serviteurs de toutes sortes, les flatteries, les sourires ; et puis, un jour, entouré de sauvages ennemis, crier : A moi ! et n'avoir que l'écho pour réponse et de lâches compagnons qui fuient à l'horizon !

Mais l'histoire sera douce pour lui. Elle aura une larme pour sa mort, et, bien qu'il soit tombé dans un coin de l'Afrique, dans un obscur combat pour une nation étrangère, elle ne le séparera pas de tous les jeunes héros morts pour leur pays ; car il n'eût pas demandé mieux que de mourir à l'ombre des drapeaux de la patrie !

Mais que faisaient donc ses partisans ?

Jadis, dans les temps barbares, le maître heureux ou malheureux avait toujours autour de lui quelques fidèles prêts en toute occasion, à le sauver du danger ou à périr avec lui : maintenant, les écuyers braillent à deux milles lieues de leur maître entouré d'ennemis !

La mort de ce jeune prince, qui nous a attristés, est-elle regrettable pour lui-même ? C'est ce que l'on ne saurait dire.

Peut-être qu'un jour nos fautes l'eussent ramené au pouvoir. Il se serait vu acclamé de nouveau ; mais les restaurations font un rôle difficile, témoins Charles II, en Angleterre, Louis XVIII, et bien d'autres. Les rancunes à apaiser, les partisans à satisfaire, les mille chocs d'un ordre nouveau. A la première heure, on vous accueille comme un Dieu : au bout de quelques jours on vous maudit de toutes parts. Peut-être vaut-il mieux mourir jeune et n'avoir fait couler de larmes que par sa mort !

Celui auquel on avait généralement conservé le titre de prince impérial étant mort, les chances d'une restauration impériale ont tellement diminué que l'on peut dire en quelque sorte que l'empire à été achevé par les sagaies des Zoulous.

En vain les principaux partisans de ce régime s'efforcent-ils de se rassurer eux-mêmes et de redonner quelque confiance à leur entourage : ils ne remplaceront plus celui qu'ils ont perdu et qu'ils ont si mal gardé.

Tout, en effet, se trouvait réuni pour que l'on pût fonder sur

lui quelques espérances. Il touchait à l'âge des grandes entrepri-
ses : la France l'avait vu tout enfant ; il avait connu la grande
école du malheur ; et puis on avait un moment fait retomber
trop lourdement sur lui les fautes de son père : de là un retour
en sens contraire, facile à prévoir chez un peuple mobile et géné-
reux.

Certes, il eût fallu bien des fautes de la République pour le
ramener au pouvoir ; mais si elles avaient eu lieu, il est à peu près
hors de doute que la France se fût plutôt alors tournée vers lui,
que vers un vieillard sans postérité ou vers un prince élevé à
l'étranger et dont au reste la famille n'eût jamais avec le pays
cette communauté de grandeur et de maux qui fait peut-être
plus qu'on ne pense pour lier ensemble une nation et une race.

Il reste, il est vrai, des Bonaparte ; mais il faut ou suivre le droit
héréditaire et s'arrêter à un homme qui n'eut jamais aucune
popularité et qui vient tout récemment d'afficher des convictions
républicaines, ou passer par-dessus et chercher ailleurs ; mais
alors renoncer à l'unité du parti, chacun étant seul juge de ses
tendances personnelles. Ira-t-on prendre un enfant au collège
pour le faire saluer comme chef suprême et conducteur d'une
nation de quarante millions d'hommes ?

On a voulu exploiter le sentiment de tristesse et de sympathie
qui s'est emparé de la grande majorité des Français à la nouvelle
de la mort cruelle du prince, et on a prétendu y reconnaître un
regret inconscient de l'empire.

Le paysan, dit celui-ci, revient triste à sa chaumière après avoir
appris la mort du fils de l'empereur ; car il sait que les routes,
les chemins de fer, les maisons d'école sont l'œuvre de l'empire.

Voyez ces républicains dit un autre : ils ont eux-mêmes l'air
affligé ; c'est qu'ils savent que celui qui pouvait à un moment
donné les retirer de l'abîme n'est plus.

Braves gens, sachez que si la plupart des Français ont eu le
cœur serré quand ils ont appris que le fils de leur ancien maître
était mort, ce n'est point à cause des chemins de fer, des routes
et des maisons d'école que d'autres pays ont eu autant et plus
que nous sans empire ; ce n'est point non plus par crainte de
l'avenir, car nous n'aimons point par épouvante comme vous
voudriez le faire croire. C'est simplement parce que le prince qui
est mort était jeune et brave, qu'on l'avait vu naître et qu'il avait
été malheureux et exilé !

Nous le répétons, les chances de l'empire nous semblent avoir été anéanties sur cette terre d'Afrique qui en avait vu l'aurore. Que certains partisans conservent encore quelques espérances, ce ne peut plus être qu'une espérance vague et lointaine dont il n'y a pas à tenir compte. Quand à ceux qui voudraient que l'empire existât en dehors d'une famille impériale, il nous prépareraient de belles destinées si leur théorie était adoptée, car on pourrait par elle revenir à l'encan romain et aux trois empereurs se disputant l'empire. Il est vrai que nous avons le suffrage universel que n'avaient pas les Romains, mais on sait quel instrument docile il peut devenir dans certaines mains. Il ne s'agirait plus que d'avoir quelque force armée à sa disposition pour le faire parler à sa guise.

Le premier des Bonaparte a été le plus grand soldat de la liberté avant d'être un maître : Arcole, Rivoli, les Pyramides, Marengo payaient le sceptre impérial. Qui croirait de nos jours pouvoir l'acheter à ce prix ? Si Napoléon III fut acclamé plus ou moins sincèrement par la France, c'est que le peuple ayant conservé l'idée fondamentale des monarchies voulait voir en lui une sorte d'incarnation de son oncle. Un candidat nouveau ferait maintenant éclater de rire le monde entier.

De ce que l'on est convaincu que l'empire n'a plus d'espérance, faut-il cependant se hâter de faire des avances aux gens de ce parti pour les appeler dans les rangs des républicains? Non, car on ne doit tenir qu'en médiocre estime les gens trop prompts aux changements de costumes. Plus tard, ils verront ce qu'ils auront à faire. Il est peut-être mieux, pour l'instant, de les laisser se serrant autour d'un cercueil !

Pour nous autres, républicains, la ruine du seul parti qui pût réellement porter ombrage à la République doit être le signal d'un désarmement général et la fin de ce que l'on a appelé la discipline républicaine, discipline qui a pu avoir son utilité dans une période de combat, mais qui, prolongée indéfiniment, serait le plus funeste des non-sens (1).

Il est, en effet, temps ou jamais de choisir entre trois systèmes de République entre lesquels on a, en quelque sorte, flotté depuis huit ans, et dont nous allons tracer une rapide esquisse.

Trop de gens se payent encore de mots en France, et regardent au nom plutôt qu'à la chose. Qu'ils veuillent bien cependant considérer la grande différence qui a existé entre les divers gou-

(1) Nous ne blâmons pas, bien entendu, toute influence, mais l'influence de commande.

vernements qui se sont, chez nous, parés du titre de République :
la Convention, la Terreur, le Directoire, le Consulat, la Prési-
dence, l'Assemblée nationale de 1871 : ils conviendront que ce
titre est peu de chose en lui-même.

Le premier système républicain, celui qui a été le plus souvent
appliqué jusqu'à nos jours, bien que peu avoué, est celui-ci :

Le peuple se figure faire les lois et nommer ses représentants
au fond il n'en est rien ; on lui impose des lois et on lui tire ses
prétendus mandataires qui ne sont plus que les soldats obéissants
d'une coterie ayant à sa tête un ou quelques hommes tantôt
parés de titres républicains, tantôt sans emploi officiel, suivant les
circonstances.

Ils sont là se disant les serviteurs de la masse et disposés à
obéir à ses moindres caprices : en réalité lui dictant leurs volontés, et riant sans doute tout bas de la sottise humaine ; des rois de
coulisse. En apparence le pouvoir remonte : de fait, il descend
toujours. C'est un Sinaï dans l'ombre. Si un citoyen refuse
d'accepter le représentant qu'ils lui désignent, ils le frappent
d'ostracisme ; si un représentant n'obéit pas à leurs désirs avec la
régularité d'une machine, il faut qu'il soit renié et chassé du
troupeau comme une bête galeuse. Tout cela, nous le répétons,
peut avoir son excuse, sa nécessité même, quand le parti républicain est entouré d'ennemis au-dedans et au-dehors ; car, pour
toute guerre, il faut une centralisation puissante et une volonté
forte ; mais en temps de paix et quand la République, comme on
l'a dit, n'a plus qu'à compter avec elle-même, un pareil ordre de
chose serait à la fois menteur et funeste. Les rois sans titre
seraient plus funestes que de véritables rois portant au grand
jour leur sceptre et leur couronne. Ils n'auraient l'initiative de
rien de grand et de libre, car ils auraient sans cesse frayeur que
leur jeu ne fût percé à jour. Ils musèleraient et mèneraient en
laisse le lion populaire et le flatteraient pour l'endormir. La discipline républicaine serait alors le pendant de l'ancienne candi-
dature officielle et de la soumission misérable et funeste d'une
Chambre aux volontés d'un roi ou d'un empereur : les noms
seraient changés ; au fond, les choses seraient les mêmes.

Il y a maintenant le système que l'on avoue hautement mais
que l'on n'applique jamais : c'est celui dans lequel la loi vient
directement du peuple qui alors ne fait plus le gouvernement,
mais se déclare gouvernement lui-même.

L'idéal d'un pareil système est certainement impossible à

atteindre, car il faudra toujours que le peuple aliéne ses pouvoirs pour un temps plus ou moins long, cela en dépit des réunions, des pétitions, de la liberté de la presse et du terme le plus rapproché possible des mandats. Le serviteur pourra toujours, de temps en temps, donner le fouet à son maître sous prétexte qu'il ne sait pas ce qu'il veut. On ne peut donc l'entendre que par le gouvernement sans contrôle aucun d'une Chambre directement élue par le suffrage universel entièrement livré à lui-même.

Ce système serait-il favorable? On n'a pu le juger par l'épreuve, le suffrage universel ayant toujours été plus ou moins guidé ou même mené dans tous les camps. Il est certainement permis d'en douter (1). La raison en est, premièrement, que la plupart des électeurs ne connaissent pas les gens qu'ils nomment et votent en quelque sorte les yeux fermés ; deuxièmement, que ceux qui les connaissent ne peuvent pas les juger sainement étant sensément inférieurs à eux (on ne peut juger que l'homme qui vous est inférieur ou tout au plus votre pair et votre égal) ; troisièmement, que pour faire de bonnes lois il faut ou des intelligences extraordinaires ayant fait des études approfondies sur toutes les questions humaines ou des hommes spéciaux pour chaque chose. Or, on ne peut guère supposer d'intelligences capables de tout étudier et de tout embrasser dans une société aux mille rouages compliqués et fragiles ; d'un autre côté le suffrage universel s'inquiète peu des spécialités et livrera toujours au hasard la proportion dans lequel elles doivent être (2).

De quelque côté que l'on tourne la question du peuple, législateur suprême sans conseil ni contrôle, on tombe dans l'impossibilité ou dans l'absurdité. Du côté de la délégation des pouvoirs, c'est, en quelque sorte, cette chose grande et terrible, la loi, livrée à la fortune et au hasard. Du côté du mandat impératif, c'est la masse ignorante, décidant de questions dont elle peut à peine connaître le nom ; c'est l'ouvrier faisant les lois de l'industrie, le soldat imposant des règlements à ses chefs, le paysan faisant des lois, sans le savoir, sur la justice, les finances, l'administration, la police, etc.; c'est la foule se donnant des licences en croyant se donner des lois ; c'est le désordre, l'anarchie et la mort.

---

(1) La seule Chambre élue librement et spontanément a peut-être été celle de 1871, qui justement était contraire au gouvernement par le suffrage universel. Il est vrai qu'on n'avait pas choisi de représentants, mais entre la paix ou la guerre.

(2) Ne pourrait-il pas se faire qu'un jour, le suffrage universel livré à lui-même, envoyât trois ou quatre cents médecins à la Chambre ? Seraient-ils bien capables de faire des lois sur l'armée et les finances ? Ce serait les représentants d'une nation bien malade !

Que ceux qui espèrent tout de la flagornerie populaire et frémi-
raient cependant les premiers un jour devant leur ouvrage, devant
une nation aux rouages rompus et désorganisés de toutes parts, devant un peuple ahuri et insensé, brisant tout comme une mer sou-
levée par la tempête et se déchirant lui-même comme un lion furieux,
que ceux-là ne disent pas la vérité ; nous qui cependant redou-
terions peu de chose, nous dirons ce que nous croyons être la
vérité, de quelque façon qu'on doive l'accueillir : flattera et trom-
pera qui voudra.

Il y a enfin une République où le peuple a la conscience de sa
force et de sa puissance, mais où il abaisse cette force et cette
puissance devant l'expérience intelligente. C'est la soumission
volontaire devant la supériorité morale, tandis que dans les
monarchies c'est la soumission forcée devant le hasard.

A la place d'un homme qui ne saurait être doué d'un génie
universel, la nation met pour la diriger et la conduire tout ce qui
chez elle a fait preuve de capacité dans une des branches de l'ac-
tivité humaine : dans la justice, dans l'administration, dans la
guerre, dans l'instruction, dans les finances, dans le commerce,
dans les sciences, dans les arts. Se récusant comme juge de
l'intelligence individuelle, elle s'en tient aux faits et arrive ainsi
à former, dans une juste proportion, un grand conseil national
devant lequel il sera de son intérêt de s'incliner en toutes choses.

Quant aux hommes que chaque localité choisit séparément
pour la représenter, ils sont alors comme les grands avocats du
peuple, chargés de porter l'expression de ses besoins et de ses
désirs devant ce conseil suprême. Si, parfois, il y a désaccord, et
que le peuple veuille passer outre, il le peut, car il a la force et
personne n'a le droit de l'enchaîner ; mais alors il saura qu'il a
passé outre la sagesse et l'intelligence et n'aura à s'en prendre
qu'à lui-même du mal qui en pourra résulter.

C'est ainsi que nous comprenons la République, faute de liberté
et d'intelligence, d'expérience et de sagesse ; à la fois en dehors
de l'infaillibilité royale et de l'infaillibilité populaire. Nous
croyons que ce serait là cette République conservatrice dont on a
tant parlé !

Cette République agrandirait et simplifierait au lieu de rapetis-
ser et de détruire. Elle ne redouterait rien de la pensée humaine
et favoriserait son essor en toutes choses. Elle irait chercher l'intelligence et le génie dans la cabane du pauvre comme dans le
palais du riche, afin qu'il n'y eût aucune vocation naturelle inutile

et étouffée ; car le bonheur de l'individu comme celui des sociétés n'est ni la grandeur et la fortune, comme trop le croient encore, ni dans l'obscurité et l'abaissement, comme on l'a beaucoup dit ; mais principalement dans une marche selon le vrai et dans l'exercice des facultés naturelles de chacun.

Faite, comme nous l'avons dit, de liberté et d'intelligence, elle se confierait à la liberté et à l'intelligence et ne combattrait qu'avec elles. Si les religions existantes lui paraissaient mesquines et étroites, elle chercherait elle-même à donner une idée plus grande de l'être infini, idée digne des deux infinis certains du temps et de l'espace.

Elle ajouterait à la devise républicaine le mot vérité oublié par nos pères. Elle n'étoufferait que le mensonge et la vanité qui sont les deux grands fléaux de l'homme et des nations. Sa marche serait sans doute grande et prospère, et étant un gouvernement clair et simple, elle réparerait peut-être tout le mal qu'ont fait à la France, dans le domaine moral comme dans le domaine matériel, trop de gouvernements faux et obscurs.

En somme, maintenant, il est temps que l'on s'occupe, avant tout, des institutions. Il est temps de ne plus mettre l'espérance et le salut de la patrie dans un homme quel qu'il soit ; car l'homme est une chose misérable et fragile par excellence : aujourd'hui intelligent, demain insensé : tout à l'heure jeune et fort, dans un instant un cadavre. L'évènement qui vient de nous occuper nous montre assez le danger de prendre une base aussi fragile. Sachons éviter les fautes de nos adversaires. Les institutions si elles ne sont ni parfaites ni éternelles, ne sont pas du moins exposées à périr à tout instant sous le poignard d'un assassin ou sous la sagaie d'un sauvage.

G. TOURNADE.

Juillet 1879.

Limoges, imp. Vᵉ H. Ducourtieux, rue des Arènes, 7.